AF221927

MEINE
FÄNGE

FANGBUCH FÜR ANGLER

Meine Daten

Name

. . . .

Adresse

. . . .

. . . .

. . . .

Telefon | Mobil

. . . .

E-Mail-Adresse

. . . .

Sonstige Informationen

. . . .

. . . .

. . . .

Packliste

Persönliches

- [ ] Personalausweis
- [ ] Angelpapiere
- [ ] Bargeld | EC-Karte
- [ ] Smartphone
- [ ] ....
- [ ] ....

Bekleidung

- [ ] Shirt (Lang- | Kurzarm)
- [ ] Wathose
- [ ] Stiefel
- [ ] Leichte Schuhe
- [ ] Jacke (wetterfest)
- [ ] Pullover | Fleecejacke
- [ ] Socken
- [ ] Unterwäsche
- [ ] Hut | Mütze
- [ ] Sonnenbrille
- [ ] ....
- [ ] ....
- [ ] ....
- [ ] ....

Angelausrüstung

- [ ] Angelruten
- [ ] Rod Pod
- [ ] Schnur
- [ ] Bissanzeiger
- [ ] Kescher
- [ ] Waage
- [ ] Metermaß
- [ ] Schlagschnur
- [ ] Fischtöter
- [ ] Köder
- [ ] Haken
- [ ] Vorfachmaterial
- [ ] Blei
- [ ] Werkzeug
- [ ] Messer | Taschenmesser
- [ ] ....
- [ ] ....
- [ ] ....
- [ ] ....
- [ ] ....
- [ ] ....

Packliste

Verpflegung

- ☐ Wasser | Tee
- ☐ Snacks
- ☐ Energieriegel
- ☐ Obst
- ☐ ....
- ☐ ....
- ☐ ....
- ☐ ....
- ☐ ....

Camping

- ☐ Zelt
- ☐ Schlafsack
- ☐ Angelstuhl
- ☐ Grill
- ☐ Gaskocher
- ☐ Feuerzeug
- ☐ Lampe
- ☐ Radio
- ☐ Fernglas
- ☐ ....
- ☐ ....

Sonstiges

- ☐ ....
- ☐ ....
- ☐ ....
- ☐ ....
- ☐ ....
- ☐ ....
- ☐ ....
- ☐ ....
- ☐ ....
- ☐ ....
- ☐ ....
- ☐ ....
- ☐ ....
- ☐ ....
- ☐ ....
- ☐ ....
- ☐ ....
- ☐ ....
- ☐ ....
- ☐ ....
- ☐ ....
- ☐ ....

Schonzeiten & Mindestmaße

Fischart	Schonzeit	Mindestmaß
Aal		
Äsche		
Bachforelle		
Regenbogenforelle		
Saibling		
Seeforelle		
Karpfen		
Barbe		
Schleie		
Hecht		
Zander		
Waller		
Nerfling		
Rutte		
Nase		
Groppe		

Fischart	Schonzeit	Mindestmaß

Meine Angeltouren

Tour 1 ....

Tour 2 ....

Tour 3 ....

Tour 4 ....

Tour 5 ....

Tour 6 ....

Tour 7 ....

Tour 8 ....

Tour 9 ....

Tour 10 ....

Tour 11 ....

Tour 12 ....

Tour 13 ....

Tour 14 ....

Tour 15 ....

Tour 16 ....

Tour 17 ....

Tour 18 ....

Tour 19 ....

Tour 20 ....

Tour 21 ....

Tour 22 ....

Tour 23 ....   Tour 34 ....

Tour 24 ....   Tour 35 ....

Tour 25 ....   Tour 36 ....

Tour 26 ....   Tour 37 ....

Tour 27 ....   Tour 38 ....

Tour 28 ....   Tour 39 ....

Tour 29 ....   Tour 40 ....

Tour 30 ....   Tour 41 ....

Tour 31 ....   Tour 42 ....

Tour 32 ....   Tour 43 ....

Tour 33 ....   Tour 44 ....

Tour 45	*Tour* 56 ....
Tour 46	*Tour* 57 ....
Tour 47	*Tour* 58 ....
Tour 48	*Tour* 59 ....
Tour 49	*Tour* 60 ....
Tour 50	*Tour* 61 ....
Tour 51	*Tour* 62 ....
Tour 52	*Tour* 63 ....
Tour 53	*Tour* 64 ....
Tour 54	*Tour* 65 ....
Tour 55	

Meine besten Fänge

Tour	Fischart	Länge	Gewicht

Notizen / Bemerkungen

Tour 1

Datum . . . .

Uhrzeit . . . .

Ort / Koordinaten . . . .
. . . .

Meer	Fluss	See	Teich
○	○	○	○

Wasserstand
○ Niedrig
○ Normal
○ Hoch

Wasserfärbung
○ Trüb
○ Normal
○ Klar

Strömung
○ Keine
○ Normal
○ Stark

Wassertemperatur
°C
. . . . .

Wetter

°C

○ ○ ○ ○ ○ ○ . . . . .

Wind

Windstill leicht | maßig | stark | stürmisch

N
W O
S

○ ○ ○ ○

Mondphase

Luftdruck
. . . . hPa

○ steigend
○ fallend

Begleitet hat mich
. . . .
. . . .
. . . .

Meine Angel & Köder
. . . .
. . . .
. . . .

Mein Fang des Tages

Fischart . . . .   Länge . . . .   Gewicht . . . .

Notizen / Skizzen

Meine heutigen Fänge

Fischart	Länge	Gewicht	Angel & Köder	Beißzeit

Notizen | Bemerkungen | Besonderheiten

So bewerte ich diesen Angelausflug

☆ ☆ ☆ ☆ ☆

Tour 2

Datum .... **Ort | Koordinaten** ....

Uhrzeit ....

Meer	Fluss	See	Teich
○	○	○	○

Wasserstand
- ○ Niedrig
- ○ Normal
- ○ Hoch

Wasserfärbung
- ○ Trüb
- ○ Normal
- ○ Klar

Strömung
- ○ Keine
- ○ Normal
- ○ Stark

Wassertemperatur
°C
.....

Wetter

°C
○ ○ ○ ○ ○ ○ .....

Wind

Windstill leicht mäßig stark stürmisch
○ ○ ○ ○

N
W ⊕ O
S

Mondphase

○ ◑ ◑ ● ● ● ◐ ◐ ○

Luftdruck

.... hPa

○ steigend
○ fallend

Begleitet hat mich

....
....
....

Meine Angel & Köder

....
....
....

Mein Fang des Tages

Fischart .... Länge .... Gewicht ....

Notizen | Skizzen

Meine heutigen Fänge

Fischart	Länge	Gewicht	Angel & Köder	Beißzeit

Notizen | Bemerkungen | Besonderheiten

So bewerte ich diesen Angelausflug

☆ ☆ ☆ ☆ ☆

Tour 3

Datum ....

Uhrzeit ....

Ort | Koordinaten ....

....

Meer ○   **Fluss** ○   **See** ○   **Teich** ○

Wasserstand	Wasserfärbung	Strömung	Wassertemperatur
○ Niedrig	○ Trüb	○ Keine	°C
○ Normal	○ Normal	○ Normal	
○ Hoch	○ Klar	○ Stark	.....

Wetter

○   ○   ○   ○   ○   ○   °C .....

Wind

Windstill leicht   mäßig   stark   stürmisch

○   ○   ○   ○

N W O S

Mondphase

○ ◐ ◑ ● ● ● ◐ ◑ ○

Luftdruck

.... hPa

○ steigend
○ fallend

Begleitet hat mich

....

....

....

Meine Angel & Köder

....

....

....

Mein Fang des Tages

Fischart ....   **Länge** ....   **Gewicht** ....

Notizen | Skizzen

Meine heutigen Fänge

Fischart	Länge	Gewicht	Angel & Köder	Beißzeit

Notizen | Bemerkungen | Besonderheiten

So bewerte ich diesen Angelausflug
☆ ☆ ☆ ☆ ☆

Tour 4

Datum ....

Uhrzeit ....

Ort | Koordinaten ....

....

Meer	Fluss	See	Teich
○	○	○	○

Wasserstand
- ○ Niedrig
- ○ Normal
- ○ Hoch

Wasserfärbung
- ○ Trüb
- ○ Normal
- ○ Klar

Strömung
- ○ Keine
- ○ Normal
- ○ Stark

Wassertemperatur

°C

.....

Wetter

☀ 🌤 ☁ ☁ 🌧 🌨 | °C

○ ○ ○ ○ ○ ○ .....

Wind

Windstill leicht   maßig   stark   stürmisch

○ ○ ○ ○

N
W ✦ O
S

Mondphase

🌑 🌒 🌓 🌔 🌕 🌖 🌗 🌘 🌑

Luftdruck

.... hPa

○ steigend

○ fallend

Begleitet hat mich

....

....

....

Meine Angel & Köder

....

....

....

Mein Fang des Tages

Fischart ....

Länge ....

Gewicht ....

Notizen | Skizzen

Meine heutigen Fänge

Fischart	Länge	Gewicht	Angel & Köder	Beißzeit

Notizen | Bemerkungen | Besonderheiten

So bewerte ich diesen Angelausflug

☆ ☆ ☆ ☆ ☆

Tour 5

Datum ....
Uhrzeit ....

Ort | Koordinaten ....
....

Meer	Fluss	See	Teich
○	○	○	○

Wasserstand
○ Niedrig
○ Normal
○ Hoch

Wasserfärbung
○ Trüb
○ Normal
○ Klar

Strömung
○ Keine
○ Normal
○ Stark

Wassertemperatur
°C
.....

Wetter

☀ ⛅ ☁ ☁ 🌧 🌨 °C
○ ○ ○ ○ ○ ○ .....

Wind

Windstill leicht | maßig | stark | stürmisch
○ ○ ○ ○

N
W ● O
S

Mondphase

● ◐ ◑ ● ● ● ◑ ○ ○

Luftdruck

.... hPa

○ steigend
○ fallend

Begleitet hat mich
....
....
....

Meine Angel & Köder
....
....
....

Mein Fang des Tages

Fischart ....   Länge ....   Gewicht ....

Notizen | Skizzen

Meine heutigen Fänge

Fischart	Länge	Gewicht	Angel & Köder	Beißzeit

Notizen | Bemerkungen | Besonderheiten

So bewerte ich diesen Angelausflug

☆ ☆ ☆ ☆ ☆

Tour 6

Datum ....

Uhrzeit ....

Ort | Koordinaten ....

....

Meer ○ **Fluss** ○ **See** ○ **Teich** ○

Wasserstand	**Wasserfärbung**	**Strömung**	**Wassertemperatur**
○ Niedrig	○ Trüb	○ Keine	°C
○ Normal	○ Normal	○ Normal	
○ Hoch	○ Klar	○ Stark	.....

Wetter

☀ ○ 🌤 ○ ☁ ○ 🌥 ○ 🌧 ○ 🌨 ○ 🌡°C .....

Wind

Windstill leicht ○ maßig ○ stark ○ stürmisch ○

N W ✳ O S

Mondphase

○ ◐ ◑ ● ● ◑ ◐ ○

Luftdruck

.... hPa

○ steigend
○ fallend

Begleitet hat mich

• •

• •

• •

Meine Angel & Köder

• •

• •

• •

Mein Fang des Tages

Fischart .... Länge .... Gewicht ....

Notizen | Skizzen

Meine heutigen Fänge

Fischart	Länge	Gewicht	Angel & Köder	Beißzeit

Notizen | Bemerkungen | Besonderheiten

So bewerte ich diesen Angelausflug

☆ ☆ ☆ ☆ ☆

Datum ....
Uhrzeit ....

Ort | Koordinaten ....
....

	Meer	Fluss	See	Teich
	○	○	○	○

Wasserstand
○ Niedrig
○ Normal
○ Hoch

Wasserfärbung
○ Trüb
○ Normal
○ Klar

Strömung
○ Keine
○ Normal
○ Stark

Wassertemperatur
°C
.....

Wetter

☀ ⛅ ☁ ☁ 🌧 🌨 °C
○ ○ ○ ○ ○ ○ .....

Wind

Windstill leicht | maßig | stark | stürmisch
○ ○ ○ ○

N
W ⊕ O
S

Mondphase

○ ◐ ◑ ● ● ◑ ◐ ○

Luftdruck

.... hPa

○ steigend
○ fallend

Begleitet hat mich
....
....
....

Meine Angel & Köder
....
....
....

Mein Fang des Tages

Fischart .... Länge .... Gewicht ....

Notizen | Skizzen

Meine heutigen Fänge

 Fischart	 Länge	 Gewicht	 Angel & Köder	 Beißzeit

Notizen | Bemerkungen | Besonderheiten

So bewerte ich diesen Angelausflug
☆ ☆ ☆ ☆ ☆

Tour 8

Datum ....
Uhrzeit ....

Ort / Koordinaten ....
....

	Meer	Fluss	See	Teich
	○	○	○	○

Wasserstand
○ Niedrig
○ Normal
○ Hoch

Wasserfärbung
○ Trüb
○ Normal
○ Klar

Strömung
○ Keine
○ Normal
○ Stark

Wassertemperatur
°C
.....

Wetter
°C
○ ○ ○ ○ ○ ○ .....

Wind
Windstill leicht · mäßig · stark · stürmisch
○ ○ ○ ○
N
W O
S

Mondphase
○ ○ ○ ○ ● ● ○ ○ ○

Luftdruck
.... hPa
○ steigend
○ fallend

Begleitet hat mich
....
....
....

Meine Angel & Köder
....
....
....

Mein Fang des Tages

Fischart ....   Länge ....   Gewicht ....

Notizen / Skizzen

Meine heutigen Fänge

Fischart	Länge	Gewicht	Angel & Köder	Beißzeit

Notizen | Bemerkungen | Besonderheiten

So bewerte ich diesen Angelausflug

☆ ☆ ☆ ☆ ☆

Tour 9

Datum ....

Uhrzeit ....

Ort / Koordinaten ....
....

Meer ○ **Fluss** ○ **See** ○ **Teich** ○

Wasserstand	Wasserfärbung	Strömung	Wassertemperatur
○ Niedrig	○ Trüb	○ Keine	
○ Normal	○ Normal	○ Normal	°C
○ Hoch	○ Klar	○ Stark	.....

Wetter

°C

○ ○ ○ ○ ○ ○ .....

Wind

Windstill leicht ○ **mäßig** ○ **stark** ○ **stürmisch** ○

N W O S

Mondphase

○ ◑ ◐ ● ● ● ◑ ◐ ○

Luftdruck

.... hPa

○ steigend
○ fallend

Begleitet hat mich

....
....
....

Meine Angel & Köder

....
....
....

Mein Fang des Tages

Fischart ....   Länge ....   Gewicht ....

Notizen / Skizzen

- 28 -

Meine heutigen Fänge

Fischart	Länge	Gewicht	Angel & Köder	Beißzeit

Notizen | Bemerkungen | Besonderheiten

So bewerte ich diesen Angelausflug

☆☆☆☆☆

Tour 10

Datum	....	Ort / Koordinaten	....
Uhrzeit	....		....

	Meer	Fluss	See	Teich
	○	○	○	○

Wasserstand	Wasserfärbung	Strömung	Wassertemperatur
○ Niedrig	○ Trüb	○ Keine	°C
○ Normal	○ Normal	○ Normal	
○ Hoch	○ Klar	○ Stark	.....

Wetter

☀ ⛅ ☁ 🌫 🌧 🌨 °C
○ ○ ○ ○ ○ ○ .....

Wind

N
W ⊕ O
S

Windstill leicht | maßig | stark | stürmisch
○ ○ ○ ○

Mondphase

○ ◔ ◑ ◕ ● ◕ ◑ ◔ ○

Luftdruck

.... hPa

○ steigend
○ fallend

Begleitet hat mich

....
....
....

Meine Angel & Köder

....
....
....

Mein Fang des Tages

Fischart .... Länge .... Gewicht ....

Notizen / Skizzen

Meine heutigen Fänge

Fischart	Länge	Gewicht	Angel & Köder	Beißzeit

Notizen | Bemerkungen | Besonderheiten

So bewerte ich diesen Angelausflug
☆ ☆ ☆ ☆ ☆

Tour 11

Datum ....

Uhrzeit ....

Ort | Koordinaten ....
....

Meer ○   Fluss ○   See ○   Teich ○

Wasserstand	Wasserfärbung	Strömung	Wassertemperatur
○ Niedrig	○ Trüb	○ Keine	°C
○ Normal	○ Normal	○ Normal	
○ Hoch	○ Klar	○ Stark	.....

Wetter
°C
○   ○   ○   ○   ○   ○   .....

Wind
Windstill leicht   mäßig   stark   stürmisch
○   ○   ○   ○

N
W — O
S

Mondphase
○ ◑ ◑ ● ● ● ◐ ◐ ○

Luftdruck
.... hPa
○ steigend
○ fallend

Begleitet hat mich
....
....
....

Meine Angel & Köder
....
....
....

Mein Fang des Tages

Fischart ....   Länge ....   Gewicht ....

Notizen | Skizzen

Meine heutigen Fänge

Fischart	Länge	Gewicht	Angel & Köder	Beißzeit

Notizen | Bemerkungen | Besonderheiten

So bewerte ich diesen Angelausflug

☆ ☆ ☆ ☆ ☆

Datum ....

Uhrzeit ....

Ort | Koordinaten ....
....

Meer ○ Fluss ○ See ○ Teich ○

Wasserstand
○ Niedrig
○ Normal
○ Hoch

Wasserfärbung
○ Trüb
○ Normal
○ Klar

Strömung
○ Keine
○ Normal
○ Stark

Wassertemperatur
°C
.....

Wetter
☼ ○
⛅ ○
☁ ○
🌫 ○
🌧 ○
🌨 ○
°C .....

Wind
Windstill leicht ○
maßig ○
stark ○
stürmisch ○

N
W ─ O
S

Mondphase
○ ◐ ◑ ◕ ● ◕ ◑ ◐ ○

Luftdruck
.... hPa

○ steigend
○ fallend

Begleitet hat mich
• •
• •
• •

Meine Angel & Köder
• •
• •
• •

Mein Fang des Tages

Fischart .... Länge .... Gewicht ....

Notizen | Skizzen

Meine heutigen Fänge

Fischart	Länge	Gewicht	Angel & Köder	Beißzeit

Notizen | Bemerkungen | Besonderheiten

So bewerte ich diesen Angelausflug

☆ ☆ ☆ ☆ ☆

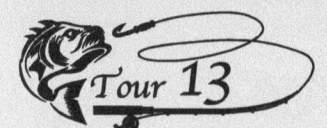

Tour 13

Datum ....
Uhrzeit ....

Ort | Koordinaten ....
....

Meer	Fluss	See	Teich
○	○	○	○

Wasserstand
○ Niedrig
○ Normal
○ Hoch

Wasserfärbung
○ Trüb
○ Normal
○ Klar

Strömung
○ Keine
○ Normal
○ Stark

Wassertemperatur
°C
.....

Wetter

☀ ⛅ ☁ 🌫 🌧 🌨 °C
○ ○ ○ ○ ○ ○ .....

Wind

Windstill leicht   maßig   stark   stürmisch
○ ○ ○ ○

N
W ─ O
S

Mondphase

○ ◐ ◑ ● ● ◕ ◗ ○ ○

Luftdruck

.... hPa

○ steigend
○ fallend

Begleitet hat mich

....
....
....

Meine Angel & Köder

....
....
....

Mein Fang des Tages

Fischart ....
Länge ....
Gewicht ....

Notizen | Skizzen

Meine heutigen Fänge

Fischart	Länge	Gewicht	Angel & Köder	Beißzeit

Notizen | Bemerkungen | Besonderheiten

So bewerte ich diesen Angelausflug

☆ ☆ ☆ ☆ ☆

Tour 14

Datum ....

Uhrzeit ....

Ort / Koordinaten ....

Meer ○   Fluss ○   See ○   Teich ○

Wasserstand
- ○ Niedrig
- ○ Normal
- ○ Hoch

Wasserfärbung
- ○ Trüb
- ○ Normal
- ○ Klar

Strömung
- ○ Keine
- ○ Normal
- ○ Stark

Wassertemperatur
°C
.....

Wetter

○ ○ ○ ○ ○ ○ ..... °C

Wind

Windstill leicht ○   maßig ○   stark ○   stürmisch ○

N
W   O
S

Mondphase

○ ◑ ◑ ● ● ● ◐ ◐ ○

Luftdruck

.... hPa

- ○ steigend
- ○ fallend

Begleitet hat mich

....

....

....

Meine Angel & Köder

....

....

Mein Fang des Tages

Fischart ....   Länge ....   Gewicht ....

Notizen / Skizzen

Meine heutigen Fänge

 Fischart	 Länge	 Gewicht	 Angel & Köder	 Beißzeit

Notizen | Bemerkungen | Besonderheiten

So bewerte ich diesen Angelausflug

☆ ☆ ☆ ☆ ☆

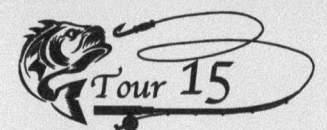

Datum ....
Uhrzeit ....

Ort / Koordinaten ....
....

Meer ○ Fluss ○ See ○ Teich ○

Wasserstand
○ Niedrig
○ Normal
○ Hoch

Wasserfärbung
○ Trüb
○ Normal
○ Klar

Strömung
○ Keine
○ Normal
○ Stark

Wassertemperatur
°C
.....

Wetter
○ ○ ○ ○ ○ ○ °C .....

Wind
Windstill leicht maßig stark stürmisch
○ ○ ○ ○

N
W—O
S

Mondphase
○ ◐ ◑ ● ● ◑ ◐ ○

Luftdruck
.... hPa
○ steigend
○ fallend

Begleitet hat mich
....
....
....

Meine Angel & Köder
....
....
....

Mein Fang des Tages
Fischart ....
Länge ....
Gewicht ....

Notizen / Skizzen

Meine heutigen Fänge

Fischart	Länge	Gewicht	Angel & Köder	Beißzeit

Notizen | Bemerkungen | Besonderheiten

So bewerte ich diesen Angelausflug

☆ ☆ ☆ ☆ ☆

Tour 16

Datum	**Ort / Koordinaten** ....
Uhrzeit	....

Meer ○   **Fluss** ○   **See** ○   **Teich** ○

Wasserstand	**Wasserfärbung**	**Strömung**	**Wassertemperatur**
○ Niedrig	○ Trüb	○ Keine	°C
○ Normal	○ Normal	○ Normal	
○ Hoch	○ Klar	○ Stark	.....

Wetter   °C
○ ○ ○ ○ ○ ○ .....

Wind
Windstill leicht   maßig   stark   stürmisch   N W O S
○ ○ ○ ○

Mondphase
○ ◑ ◑ ● ● ● ◐ ◐ ○ ○

Luftdruck
.... hPa   ○ steigend   ○ fallend

Begleitet hat mich
· ·
· ·
· ·

Meine Angel & Köder
· ·
· ·
· ·

Mein Fang des Tages

Fischart	Länge	Gewicht ....

Notizen / Skizzen

Meine heutigen Fänge

Fischart	Länge	Gewicht	Angel & Köder	Beißzeit

Notizen | Bemerkungen | Besonderheiten

So bewerte ich diesen Angelausflug

☆ ☆ ☆ ☆ ☆

Tour 17

Datum ....
Uhrzeit ....

Ort | Koordinaten ....
....

Meer ○   Fluss ○   See ○   Teich ○

Wasserstand
○ Niedrig
○ Normal
○ Hoch

Wasserfärbung
○ Trüb
○ Normal
○ Klar

Strömung
○ Keine
○ Normal
○ Stark

Wassertemperatur
°C
.....

Wetter
°C
○ ○ ○ ○ ○ ○ .....

Wind
Windstill leicht   maßig   stark   stürmisch
○   ○   ○   ○
N
W   O
S

Mondphase
○ ○ ◐ ◑ ● ● ◑ ◐ ○

Luftdruck
.... hPa

○ steigend
○ fallend

Begleitet hat mich
....
....
....

Meine Angel & Köder
....
....
....

Mein Fang des Tages

Fischart ....   Länge ....   Gewicht ....

Notizen | Skizzen

Meine heutigen Fänge

Fischart	Länge	Gewicht	Angel & Köder	Beißzeit

Notizen | Bemerkungen | Besonderheiten

So bewerte ich diesen Angelausflug

☆ ☆ ☆ ☆ ☆

Tour 18

Datum ....

Uhrzeit ....

Ort | Koordinaten ....
....

Meer ○   **Fluss** ○   **See** ○   **Teich** ○

Wasserstand
○ Niedrig
○ Normal
○ Hoch

Wasserfärbung
○ Trüb
○ Normal
○ Klar

Strömung
○ Keine
○ Normal
○ Stark

Wassertemperatur
°C
.....

Wetter
○ ○ ○ ○ ○ ○ °C .....

Wind
Windstill leicht ○   mäßig ○   stark ○   stürmisch ○

N
W   O
S

Mondphase
● ◐ ◑ ● ● ◐ ◑ ○

Luftdruck
.... hPa
○ steigend
○ fallend

Begleitet hat mich
....
....
....

Meine Angel & Köder
....
....
....

Mein Fang des Tages

Fischart ....   Länge ....   Gewicht ....

Notizen | Skizzen

Meine heutigen Fänge

 Fischart	 Länge	 Gewicht	 Angel & Köder	 Beißzeit

Notizen | Bemerkungen | Besonderheiten

So bewerte ich diesen Angelausflug
☆ ☆ ☆ ☆ ☆

Tour 19

Datum ....
Uhrzeit ....

Ort / Koordinaten ....
....

Meer ○ Fluss ○ See ○ Teich ○

Wasserstand	Wasserfärbung	Strömung	Wassertemperatur
○ Niedrig	○ Trüb	○ Keine	
○ Normal	○ Normal	○ Normal	°C
○ Hoch	○ Klar	○ Stark	.....

Wetter

☀ ⛅ ☁ 🌫 🌧 🌨 °C
○ ○ ○ ○ ○ ○ .....

Wind

Windstill leicht))) | maßig | stark | stürmisch
○ ○ ○ ○

N W O S

Mondphase

🌑 🌒 🌓 🌔 🌕 🌖 🌗 🌘 🌑

Luftdruck

.... hPa

○ steigend
○ fallend

Begleitet hat mich

....
....
....

Meine Angel & Köder

....
....
....

Mein Fang des Tages

Fischart ....
Länge ....
Gewicht ....

Notizen / Skizzen

Meine heutigen Fänge

 Fischart	 Länge	 Gewicht	 Angel & Köder	 Beißzeit

Notizen | Bemerkungen | Besonderheiten

So bewerte ich diesen Angelausflug
☆ ☆ ☆ ☆ ☆

Tour 20

Datum . . . .
Uhrzeit . . . .

Ort | Koordinaten . . . .

Meer	Fluss	See	Teich
○	○	○	○

Wasserstand
- ○ Niedrig
- ○ Normal
- ○ Hoch

Wasserfärbung
- ○ Trüb
- ○ Normal
- ○ Klar

Strömung
- ○ Keine
- ○ Normal
- ○ Stark

Wassertemperatur
°C
.....

Wetter
☀ ⛅ ☁ ☁ 🌧 🌨 °C
○ ○ ○ ○ ○ ○ .....

Wind
Windstill leicht · mäßig · stark · stürmisch
○ ○ ○ ○

N W—O S

Mondphase
○ ◐ ◑ ● ● ● ◑ ◐ ○

Luftdruck
. . . . hPa

○ steigend
○ fallend

Begleitet hat mich
. . . .
. . . .
. . . .

Meine Angel & Köder
. . . .
. . . .
. . . .

Mein Fang des Tages

Fischart . . . . Länge . . . . Gewicht . . . .

Notizen | Skizzen

Meine heutigen Fänge

🐟 Fischart	📏 Länge	⚖️ Gewicht	🎣 Angel & Köder	🕐 Beißzeit

Notizen | Bemerkungen | Besonderheiten

So bewerte ich diesen Angelausflug

☆ ☆ ☆ ☆ ☆

Tour 21

Datum ....
Uhrzeit ....

Ort / Koordinaten ....
....

Meer ○   **Fluss** ○   **See** ○   **Teich** ○

Wasserstand
○ Niedrig
○ Normal
○ Hoch

Wasserfärbung
○ Trüb
○ Normal
○ Klar

Strömung
○ Keine
○ Normal
○ Stark

Wassertemperatur
°C
.....

Wetter
○ ○ ○ ○ ○ ○ °C .....

Wind
Windstill leicht ○   maßig ○   stark ○   stürmisch ○

N
W — O
S

Mondphase
○ ○ ○ ● ● ● ○ ○ ○

Luftdruck
.... hPa
○ steigend
○ fallend

Begleitet hat mich
....
....
....

Meine Angel & Köder
....
....
....

Mein Fang des Tages

Fischart ....   Länge ....   Gewicht ....

Notizen / Skizzen

Meine heutigen Fänge

Fischart	Länge	Gewicht	Angel & Köder	Beißzeit

Notizen | Bemerkungen | Besonderheiten

So bewerte ich diesen Angelausflug

☆ ☆ ☆ ☆ ☆

Tour 22

Datum ....
Uhrzeit ....

Ort | Koordinaten ....
....

Meer	Fluss	See	Teich
O	O	O	O

Wasserstand
O Niedrig
O Normal
O Hoch

Wasserfärbung
O Trüb
O Normal
O Klar

Strömung
O Keine
O Normal
O Stark

Wassertemperatur
°C
.....

Wetter
O O O O O O ..... °C

Wind
Windstill leicht   mäßig   stark   stürmisch
O O O O O

N
W O
S

Mondphase
◐ ◑ ◒ ● ● ◕ ◔ ○

Luftdruck
.... hPa

O steigend
O fallend

Begleitet hat mich
....
....
....

Meine Angel & Köder
....
....
....

Mein Fang des Tages
Fischart .... Länge .... Gewicht ....

Notizen | Skizzen

Meine heutigen Fänge

 Fischart	Länge	Gewicht	Angel & Köder	Beißzeit

Notizen | Bemerkungen | Besonderheiten

So bewerte ich diesen Angelausflug
☆ ☆ ☆ ☆ ☆

Tour 23

Datum .... **Ort / Koordinaten** ....

Uhrzeit ....

Meer	Fluss	See	Teich
○	○	○	○

Wasserstand
- ○ Niedrig
- ○ Normal
- ○ Hoch

Wasserfärbung
- ○ Trüb
- ○ Normal
- ○ Klar

Strömung
- ○ Keine
- ○ Normal
- ○ Stark

Wassertemperatur
°C
.....

Wetter
☀ ⛅ ☁ ☁ 🌧 🌨 °C
○ ○ ○ ○ ○ ○ .....

Wind
Windstill leicht   mäßig   stark   stürmisch
○ ○ ○ ○

N W O S

Mondphase
○ ◑ ◐ ● ● ● ◐ ○ ○

Luftdruck
.... hPa
○ steigend
○ fallend

Begleitet hat mich

....

....

....

Meine Angel & Köder

....

....

....

Mein Fang des Tages

Fischart ....   Länge ....   Gewicht ....

Notizen / Skizzen

Meine heutigen Fänge

Fischart	Länge	Gewicht	Angel & Köder	Beißzeit

Notizen | Bemerkungen | Besonderheiten

So bewerte ich diesen Angelausflug
☆ ☆ ☆ ☆ ☆

Tour 24

Datum ....

Uhrzeit ....

Ort / Koordinaten ....

Meer	Fluss	See	Teich
○	○	○	○

Wasserstand
○ Niedrig
○ Normal
○ Hoch

Wasserfärbung
○ Trüb
○ Normal
○ Klar

Strömung
○ Keine
○ Normal
○ Stark

Wassertemperatur
°C
.....

Wetter
°C
○ ○ ○ ○ ○ ○ .....

Wind
Windstill leicht   maßig   stark   stürmisch
○ ○ ○ ○

N
W ✦ O
S

Mondphase

Luftdruck
.... hPa
○ steigend
○ fallend

Begleitet hat mich
....
....
....

Meine Angel & Köder
....
....
....

Mein Fang des Tages

Fischart ....   Länge ....   Gewicht ....

Notizen / Skizzen

Meine heutigen Fänge

Fischart	Länge	Gewicht	Angel & Köder	Beißzeit

Notizen | Bemerkungen | Besonderheiten

So bewerte ich diesen Angelausflug

☆☆☆☆☆

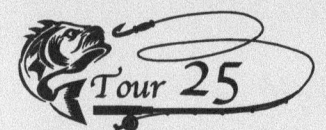

Tour 25

Datum .... **Ort / Koordinaten** ....

Uhrzeit ....

Meer	Fluss	See	Teich
○	○	○	○

Wasserstand
- ○ Niedrig
- ○ Normal
- ○ Hoch

Wasserfärbung
- ○ Trüb
- ○ Normal
- ○ Klar

Strömung
- ○ Keine
- ○ Normal
- ○ Stark

Wassertemperatur
°C
.....

Wetter

☀ ⛅ ☁ 🌫 🌧 🌨 | °C

○   ○   ○   ○   ○   ○   .....

Wind

Windstill leicht | mäßig | stark | stürmisch

○   ○   ○   ○

N W O S

Mondphase

○ ◐ ◑ ● ● ● ◐ ◑ ○

Luftdruck

.... hPa

○ steigend
○ fallend

Begleitet hat mich

....

....

....

Meine Angel & Köder

....

....

....

Mein Fang des Tages

Fischart ....   Länge ....   Gewicht ....

Notizen / Skizzen

Meine heutigen Fänge

Fischart	Länge	Gewicht	Angel & Köder	Beißzeit

Notizen | Bemerkungen | Besonderheiten

So bewerte ich diesen Angelausflug

☆ ☆ ☆ ☆ ☆

Datum ....

Uhrzeit ....

Ort | Koordinaten ....

....

Meer ○ Fluss ○ See ○ Teich ○

Wasserstand
○ Niedrig
○ Normal
○ Hoch

Wasserfärbung
○ Trüb
○ Normal
○ Klar

Strömung
○ Keine
○ Normal
○ Stark

Wassertemperatur
°C
.....

Wetter
°C
○ ○ ○ ○ ○ ○ .....

Wind
Windstill leicht mäßig stark stürmisch
○ ○ ○ ○
N W O S

Mondphase
○ ○ ○ ● ● ● ○ ○ ○

Luftdruck
.... hPa
○ steigend
○ fallend

Begleitet hat mich
....
....
....

Meine Angel & Köder
....
....
....

Mein Fang des Tages

Fischart ....   Länge ....   Gewicht ....

Notizen | Skizzen

Meine heutigen Fänge

Fischart	Länge	Gewicht	Angel & Köder	Beißzeit

Notizen | Bemerkungen | Besonderheiten

So bewerte ich diesen Angelausflug

☆ ☆ ☆ ☆ ☆

Datum ....

Uhrzeit ....

Ort / Koordinaten ....

....

Meer ○   Fluss ○   See ○   Teich ○

Wasserstand	Wasserfärbung	Strömung	Wassertemperatur
○ Niedrig	○ Trüb	○ Keine	°C
○ Normal	○ Normal	○ Normal	
○ Hoch	○ Klar	○ Stark	.....

Wetter

☀ ○   ⛅ ○   ☁ ○   ☁ ○   🌧 ○   🌨 ○   °C .....

Wind

Windstill leicht ○   maßig ○   stark ○   stürmisch ○

N W O S

Mondphase

○ ◑ ● ◐ ○

Luftdruck

.... hPa

○ steigend
○ fallend

Begleitet hat mich

....
....
....

Meine Angel & Köder

....
....
....

Mein Fang des Tages

Fischart .... Länge .... Gewicht ....

Notizen / Skizzen

Meine heutigen Fänge

Fischart	Länge	Gewicht	Angel & Köder	Beißzeit

Notizen | Bemerkungen | Besonderheiten

So bewerte ich diesen Angelausflug

☆ ☆ ☆ ☆ ☆

Tour 28

Datum ....

Uhrzeit ....

Ort / Koordinaten ....

Meer ○   Fluss ○   See ○   Teich ○

Wasserstand
- ○ Niedrig
- ○ Normal
- ○ Hoch

Wasserfärbung
- ○ Trüb
- ○ Normal
- ○ Klar

Strömung
- ○ Keine
- ○ Normal
- ○ Stark

Wassertemperatur
°C
.....

Wetter

○ ○ ○ ○ ○ ○ °C .....

Wind

Windstill leicht ○   mäßig ○   stark ○   stürmisch ○

N W O S

Mondphase

○ ○ ○ ○ ● ● ● ○ ○

Luftdruck

.... hPa

○ steigend
○ fallend

Begleitet hat mich

....

....

....

Meine Angel & Köder

....

....

....

Mein Fang des Tages

Fischart ....   Länge ....   Gewicht ....

Notizen / Skizzen

Meine heutigen Fänge

Fischart	Länge	Gewicht	Angel & Köder	Beißzeit

Notizen | Bemerkungen | Besonderheiten

So bewerte ich diesen Angelausflug

☆ ☆ ☆ ☆ ☆

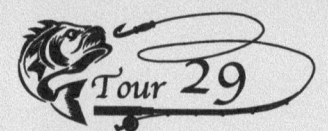

Tour 29

Datum ....
Uhrzeit ....

Ort | Koordinaten ....
....

Meer ○ Fluss ○ See ○ Teich ○

Wasserstand
○ Niedrig
○ Normal
○ Hoch

Wasserfärbung
○ Trüb
○ Normal
○ Klar

Strömung
○ Keine
○ Normal
○ Stark

Wassertemperatur
°C
.....

Wetter

°C

○ ○ ○ ○ ○ ○ .....

Wind

Windstill leicht | mäßig | stark | stürmisch

○ ○ ○ ○

N
W — O
S

Mondphase

Luftdruck
.... hPa

○ steigend
○ fallend

Begleitet hat mich
....
....
....

Meine Angel & Köder
....
....
....

Mein Fang des Tages

Fischart .... Länge .... Gewicht ....

Notizen | Skizzen

Meine heutigen Fänge

Fischart	Länge	Gewicht	Angel & Köder	Beißzeit

Notizen | Bemerkungen | Besonderheiten

So bewerte ich diesen Angelausflug

☆ ☆ ☆ ☆ ☆

Tour 30

Datum ....
Uhrzeit ....

Ort / Koordinaten ....
....

	Meer	Fluss	See	Teich
	○	○	○	○

Wasserstand
○ Niedrig
○ Normal
○ Hoch

Wasserfärbung
○ Trüb
○ Normal
○ Klar

Strömung
○ Keine
○ Normal
○ Stark

Wassertemperatur
°C
.....

Wetter
☼ ⛅ ☁ ☁ 🌧 🌨 °C
○ ○ ○ ○ ○ ○ .....

Wind
Windstill leicht | mäßig | stark | stürmisch
○ ○ ○ ○

N
W ✴ O
S

Mondphase
🌑🌒🌓🌔🌕🌖🌗🌘

Luftdruck
.... hPa
○ steigend
○ fallend

Begleitet hat mich
· ·
· ·
· ·

Meine Angel & Köder
· ·
· ·
· ·

Mein Fang des Tages

Fischart .... Länge .... Gewicht ....

Notizen / Skizzen

Meine heutigen Fänge

Fischart	Länge	Gewicht	Angel & Köder	Beißzeit

Notizen | Bemerkungen | Besonderheiten

So bewerte ich diesen Angelausflug
☆ ☆ ☆ ☆ ☆

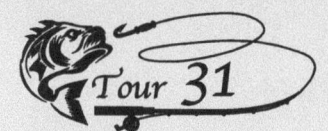

Datum ....

Uhrzeit ....

Ort / Koordinaten ....

....

Meer ○   Fluss ○   See ○   Teich ○

Wasserstand
- ○ Niedrig
- ○ Normal
- ○ Hoch

Wasserfärbung
- ○ Trüb
- ○ Normal
- ○ Klar

Strömung
- ○ Keine
- ○ Normal
- ○ Stark

Wassertemperatur

°C

.....

Wetter

°C

○   ○   ○   ○   ○   ○   .....

Wind

Windstill leicht   maßig   stark   stürmisch

○   ○   ○   ○

N
W   O
S

Mondphase

Luftdruck

.... hPa

○ steigend

○ fallend

Begleitet hat mich

....

....

....

Meine Angel & Köder

....

....

....

Mein Fang des Tages

Fischart ....   Länge ....   Gewicht ....

Notizen / Skizzen

Meine heutigen Fänge

Fischart	Länge	Gewicht	Angel & Köder	Beißzeit

Notizen | Bemerkungen | Besonderheiten

So bewerte ich diesen Angelausflug

☆ ☆ ☆ ☆ ☆

Tour 32

Datum ....
Uhrzeit ....

Ort / Koordinaten ....
....

Meer ○ **Fluss** ○ **See** ○ **Teich** ○

Wasserstand	Wasserfärbung	Strömung	Wassertemperatur
○ Niedrig	○ Trüb	○ Keine	
○ Normal	○ Normal	○ Normal	°C
○ Hoch	○ Klar	○ Stark	.....

Wetter

○ ○ ○ ○ ○ ○ °C .....

Wind

Windstill leicht ○ maßig ○ stark ○ stürmisch ○

N W O S

Mondphase

○ ● ● ● ● ● ● ○ ○ ○

Luftdruck

.... hPa

○ steigend
○ fallend

Begleitet hat mich

....
....
....

Meine Angel & Köder

....
....
....

Mein Fang des Tages

Fischart .... Länge .... Gewicht ....

Notizen / Skizzen

Meine heutigen Fänge

 Fischart	Länge	Gewicht	Angel & Köder	Beißzeit

Notizen | Bemerkungen | Besonderheiten

So bewerte ich diesen Angelausflug

☆ ☆ ☆ ☆ ☆

Datum ....

Uhrzeit ....

Ort / Koordinaten ....

....

Meer ○   **Fluss** ○   **See** ○   **Teich** ○

Wasserstand	**Wasserfärbung**	**Strömung**	**Wassertemperatur**
○ Niedrig	○ Trüb	○ Keine	°C
○ Normal	○ Normal	○ Normal	
○ Hoch	○ Klar	○ Stark	.....

Wetter

☼ ○   ⛅ ○   ☁ ○   ☁ ○   🌧 ○   🌨 ○   °C .....

Wind

Windstill leicht ○   maßig ○   stark ○   stürmisch ○

N W O S

Mondphase

○ ◐ ◑ ● ● ◐ ◑ ○ ○

Luftdruck

.... hPa

○ steigend
○ fallend

Begleitet hat mich

....

....

....

Meine Angel & Köder

....

....

....

Mein Fang des Tages

Fischart ....   Länge ....   Gewicht ....

Notizen / Skizzen

Meine heutigen Fänge

Fischart	Länge	Gewicht	Angel & Köder	Beißzeit

Notizen | Bemerkungen | Besonderheiten

So bewerte ich diesen Angelausflug

☆☆☆☆☆

Datum ....
Uhrzeit ....

Ort | Koordinaten ....
....

Meer ○ Fluss ○ See ○ Teich ○

Wasserstand
○ Niedrig
○ Normal
○ Hoch

Wasserfärbung
○ Trüb
○ Normal
○ Klar

Strömung
○ Keine
○ Normal
○ Stark

Wassertemperatur
°C
.....

Wetter
☀ ○ ⛅ ○ ☁ ○ ☁ ○ 🌧 ○ 🌨 ○ °C .....

Wind
Windstill leicht ○ mäßig ○ stark ○ stürmisch ○
N W O S

Mondphase
○ ◔ ◑ ◕ ● ◕ ◑ ◔ ○

Luftdruck
.... hPa
○ steigend
○ fallend

Begleitet hat mich
....
....
....

Meine Angel & Köder
....
....
....

Mein Fang des Tages
Fischart .... Länge .... Gewicht ....

Notizen | Skizzen

Meine heutigen Fänge

Fischart	Länge	Gewicht	Angel & Köder	Beißzeit

Notizen | Bemerkungen | Besonderheiten

So bewerte ich diesen Angelausflug

☆ ☆ ☆ ☆ ☆

Datum ....

Uhrzeit ....

Ort | Koordinaten ....

....

	Meer	Fluss	See	Teich
	○	○	○	○

Wasserstand
- ○ Niedrig
- ○ Normal
- ○ Hoch

Wasserfärbung
- ○ Trüb
- ○ Normal
- ○ Klar

Strömung
- ○ Keine
- ○ Normal
- ○ Stark

Wassertemperatur

°C

.....

Wetter

○ ○ ○ ○ ○ ○ °C .....

Wind

Windstill leicht   mäßig   stark   stürmisch

○ ○ ○ ○

N
W   O
S

Mondphase

Luftdruck

.... hPa

○ steigend
○ fallend

Begleitet hat mich

· ·

· ·

· ·

Meine Angel & Köder

· ·

· ·

· ·

Mein Fang des Tages

Fischart ....   Länge ....   Gewicht ....

Notizen | Skizzen

Meine heutigen Fänge

Fischart	Länge	Gewicht	Angel & Köder	Beißzeit

Notizen | Bemerkungen | Besonderheiten

So bewerte ich diesen Angelausflug
☆ ☆ ☆ ☆ ☆

Datum . . . .
Uhrzeit . . . .

Ort | Koordinaten . . . .
. . . .

Meer ○   **Fluss** ○   **See** ○   **Teich** ○

Wasserstand
○ Niedrig
○ Normal
○ Hoch

Wasserfärbung
○ Trüb
○ Normal
○ Klar

Strömung
○ Keine
○ Normal
○ Stark

Wassertemperatur
°C
. . . . .

Wetter
○ ○ ○ ○ ○ ○ °C . . . . .

Wind
N
W ● O
S
○ Windstill leicht ○ mäßig ○ stark ○ stürmisch

Mondphase
● ● ● ● ● ● ● ●

Luftdruck
. . . . hPa
○ steigend
○ fallend

Begleitet hat mich
. . . .
. . . .
. . . .

Meine Angel & Köder
. . . .
. . . .
. . . .

Mein Fang des Tages

Fischart . . . .   Länge . . . .   Gewicht . . . .

Notizen | Skizzen

Meine heutigen Fänge

Fischart	Länge	Gewicht	Angel & Köder	Beißzeit

Notizen | Bemerkungen | Besonderheiten

So bewerte ich diesen Angelausflug
☆ ☆ ☆ ☆ ☆

| Datum | .... |
| Uhrzeit | .... |

Ort | Koordinaten ....
....

Meer ○ **Fluss** ○ **See** ○ **Teich** ○

Wasserstand
○ Niedrig
○ Normal
○ Hoch

Wasserfärbung
○ Trüb
○ Normal
○ Klar

Strömung
○ Keine
○ Normal
○ Stark

Wassertemperatur
°C
.....

Wetter
○ ○ ○ ○ ○ ○ °C .....

Wind
Windstill leicht ○   maßig ○   stark ○   stürmisch ○

N
W — O
S

Mondphase
○ ○ ○ ● ● ● ○ ○ ○

Luftdruck
.... hPa
○ steigend
○ fallend

Begleitet hat mich
....
....
....

Meine Angel & Köder
....
....
....

Mein Fang des Tages

Fischart .... Länge .... Gewicht ....

Notizen | Skizzen

Meine heutigen Fänge

Fischart	Länge	Gewicht	Angel & Köder	Beißzeit

Notizen | Bemerkungen | Besonderheiten

So bewerte ich diesen Angelausflug

☆ ☆ ☆ ☆ ☆

Tour 38

Datum ....

Uhrzeit ....

Ort / Koordinaten ....
....

Meer ○   **Fluss** ○   **See** ○   **Teich** ○

Wasserstand	Wasserfärbung	Strömung	Wassertemperatur
○ Niedrig	○ Trüb	○ Keine	°C
○ Normal	○ Normal	○ Normal	
○ Hoch	○ Klar	○ Stark	.....

Wetter
°C
○ ○ ○ ○ ○ ○ .....

Wind
Windstill leicht   mäßig   stark   stürmisch
○ ○ ○ ○

N W O S

Mondphase
○ ◐ ● ● ● ● ◑ ○ ○

Luftdruck
.... hPa

○ steigend
○ fallend

Begleitet hat mich
....
....
....

Meine Angel & Köder
....
....
....

Mein Fang des Tages

Fischart ....   Länge ....   Gewicht ....

Notizen / Skizzen

Meine heutigen Fänge

Fischart	Länge	Gewicht	Angel & Köder	Beißzeit

Notizen | Bemerkungen | Besonderheiten

So bewerte ich diesen Angelausflug

☆ ☆ ☆ ☆ ☆

Tour 39

Datum ....
Uhrzeit ....

Ort | Koordinaten ....
....

Meer ○   Fluss ○   See ○   Teich ○

Wasserstand
○ Niedrig
○ Normal
○ Hoch

Wasserfärbung
○ Trüb
○ Normal
○ Klar

Strömung
○ Keine
○ Normal
○ Stark

Wassertemperatur
°C
.....

Wetter

☀ ○   ⛅ ○   ☁ ○   ☁ ○   🌧 ○   🌨 ○   °C .....

Wind

Windstill leicht ○   mäßig ○   stark ○   stürmisch ○

N W O S

Mondphase

○ ◐ ◑ ● ● ● ◑ ◐ ○

Luftdruck

.... hPa

○ steigend
○ fallend

Begleitet hat mich

• •
• •
• • • • • • • • • • • • • • • • • • • •

Meine Angel & Köder

• •
• •
• •

Mein Fang des Tages

Fischart ....
Länge ....
Gewicht ....

Notizen | Skizzen

Meine heutigen Fänge

Fischart	Länge	Gewicht	Angel & Köder	Beißzeit

Notizen | Bemerkungen | Besonderheiten

So bewerte ich diesen Angelausflug

☆ ☆ ☆ ☆ ☆

Datum ....
Uhrzeit ....

Ort / Koordinaten ....
....

Meer ○   **Fluss** ○   **See** ○   **Teich** ○

Wasserstand
○ Niedrig
○ Normal
○ Hoch

Wasserfärbung
○ Trüb
○ Normal
○ Klar

Strömung
○ Keine
○ Normal
○ Stark

Wassertemperatur
°C
.....

Wetter
°C
○ ○ ○ ○ ○ ○ .....

Wind
Windstill leicht   mäßig   stark   stürmisch
○ ○ ○ ○
N
W — O
S

Mondphase
○ ○ ○ ● ● ○ ○ ○

Luftdruck
.... hPa
○ steigend
○ fallend

Begleitet hat mich
....
....
....

Meine Angel & Köder
....
....
....

Mein Fang des Tages

Fischart ....   Länge ....   Gewicht ....

Notizen / Skizzen

Meine heutigen Fänge

 Fischart	 Länge	 Gewicht	 Angel & Köder	 Beißzeit

Notizen | Bemerkungen | Besonderheiten

So bewerte ich diesen Angelausflug

☆ ☆ ☆ ☆ ☆

Datum ....

Uhrzeit ....

Ort | Koordinaten ....

....

Meer ○   Fluss ○   See ○   Teich ○

Wasserstand	Wasserfärbung	Strömung	Wassertemperatur

Wasserstand
○ Niedrig
○ Normal
○ Hoch

Wasserfärbung
○ Trüb
○ Normal
○ Klar

Strömung
○ Keine
○ Normal
○ Stark

Wassertemperatur
°C
.....

Wetter
○ ○ ○ ○ ○ ○ °C .....

Wind
Windstill leicht ○   mäßig ○   stark ○   stürmisch ○

N
W — O
S

Mondphase
○ ● ● ● ● ● ● ● ○

Luftdruck
.... hPa

○ steigend
○ fallend

Begleitet hat mich
....
....
....

Meine Angel & Köder
....
....
....

Mein Fang des Tages

Fischart ....   Länge ....   Gewicht ....

Notizen | Skizzen

Meine heutigen Fänge

Fischart	Länge	Gewicht	Angel & Köder	Beißzeit

Notizen | Bemerkungen | Besonderheiten

So bewerte ich diesen Angelausflug

☆ ☆ ☆ ☆ ☆

Datum ....
Uhrzeit ....

Ort / Koordinaten ....
....

Meer ○　Fluss ○　See ○　Teich ○

Wasserstand
○ Niedrig
○ Normal
○ Hoch

Wasserfärbung
○ Trüb
○ Normal
○ Klar

Strömung
○ Keine
○ Normal
○ Stark

Wassertemperatur
°C
.....

Wetter
○ ○ ○ ○ ○ ○ °C .....

Wind
Windstill leicht　maßig　stark　stürmisch
○ ○ ○ ○
N W O S

Mondphase
○ ◑ ● ● ● ● ◐ ○ ○

Luftdruck
.... hPa
○ steigend
○ fallend

Begleitet hat mich
....
....
....

Meine Angel & Köder
....
....
....

Mein Fang des Tages

Fischart ....   Länge ....   Gewicht ....

Notizen / Skizzen

Meine heutigen Fänge

Fischart	Länge	Gewicht	Angel & Köder	Beißzeit

Notizen | Bemerkungen | Besonderheiten

So bewerte ich diesen Angelausflug

☆ ☆ ☆ ☆ ☆

Tour 43

Datum .... **Ort | Koordinaten** ....
Uhrzeit ....
....

Meer	Fluss	See	Teich
○	○	○	○

Wasserstand
- ○ Niedrig
- ○ Normal
- ○ Hoch

Wasserfärbung
- ○ Trüb
- ○ Normal
- ○ Klar

Strömung
- ○ Keine
- ○ Normal
- ○ Stark

Wassertemperatur
°C
.....

Wetter
°C
○ ○ ○ ○ ○ ○ .....

Wind

Windstill leicht · mäßig · stark · stürmisch
○ ○ ○ ○

N
W ⊕ O
S

Mondphase
● ◐ ◑ ◒ ● ◓ ◔ ○ ○

Luftdruck
.... hPa
○ steigend
○ fallend

Begleitet hat mich
....
....
....

Meine Angel & Köder
....
....
....

Mein Fang des Tages

Fischart .... Länge .... Gewicht ....

Notizen | Skizzen

Meine heutigen Fänge

Fischart	Länge	Gewicht	Angel & Köder	Beißzeit

Notizen | Bemerkungen | Besonderheiten

So bewerte ich diesen Angelausflug

☆ ☆ ☆ ☆ ☆

Tour 44

Datum ....

Uhrzeit ....

Ort | Koordinaten ....

....

Meer ○   **Fluss** ○   **See** ○   **Teich** ○

Wasserstand
- ○ Niedrig
- ○ Normal
- ○ Hoch

Wasserfärbung
- ○ Trüb
- ○ Normal
- ○ Klar

Strömung
- ○ Keine
- ○ Normal
- ○ Stark

Wassertemperatur

°C

......

Wetter

○ ○ ○ ○ ○ ○ °C ......

Wind

Windstill leicht   mäßig   stark   stürmisch

○ ○ ○ ○ ○

N
W ○ O
S

Mondphase

○ ◐ ◑ ● ● ● ◑ ○ ○

Luftdruck

.... hPa

○ steigend
○ fallend

Begleitet hat mich

....

....

....

Meine Angel & Köder

....

....

....

Mein Fang des Tages

Fischart ....   Länge ....   Gewicht ....

Notizen | Skizzen

Meine heutigen Fänge

 Fischart	Länge	Gewicht	Angel & Köder	Beißzeit

Notizen | Bemerkungen | Besonderheiten

So bewerte ich diesen Angelausflug
☆ ☆ ☆ ☆ ☆

Datum ....

Uhrzeit ....

Ort / Koordinaten ....

....

Meer ○   **Fluss** ○   **See** ○   **Teich** ○

Wasserstand	Wasserfärbung	Strömung	Wassertemperatur
○ Niedrig	○ Trüb	○ Keine	°C
○ Normal	○ Normal	○ Normal	
○ Hoch	○ Klar	○ Stark	.....

Wetter

☀ ○   🌤 ○   ☁ ○   ☁ ○   🌧 ○   🌨 ○   °C .....

Wind

Windstill leicht ○   maßig ○   stark ○   stürmisch ○

N W O S

Mondphase

Luftdruck

.... hPa

○ steigend
○ fallend

Begleitet hat mich

....

....

....

Meine Angel & Köder

....

....

....

Mein Fang des Tages

Fischart ....   Länge ....   Gewicht ....

Notizen / Skizzen

Meine heutigen Fänge

Fischart	Länge	Gewicht	Angel & Köder	Beißzeit

Notizen | Bemerkungen | Besonderheiten

So bewerte ich diesen Angelausflug
☆ ☆ ☆ ☆ ☆

Datum ....
Uhrzeit ....

Ort / Koordinaten ....
....

Meer ○ **Fluss** ○ **See** ○ **Teich** ○

Wasserstand
○ Niedrig
○ Normal
○ Hoch

Wasserfärbung
○ Trüb
○ Normal
○ Klar

Strömung
○ Keine
○ Normal
○ Stark

Wassertemperatur
°G
.....

Wetter
°G
○ ○ ○ ○ ○ ○ .....

Wind
Windstill leicht ○
mäßig ○
stark ○
stürmisch ○

N
W — O
S

Mondphase

Luftdruck
.... hPa
○ steigend
○ fallend

Begleitet hat mich
• •
• •
• •

Meine Angel & Köder
• •
• •
• •

Mein Fang des Tages

Fischart ....   Länge ....   Gewicht ....

Notizen / Skizzen

Meine heutigen Fänge

Fischart	Länge	Gewicht	Angel & Köder	Beißzeit

Notizen | Bemerkungen | Besonderheiten

So bewerte ich diesen Angelausflug
☆ ☆ ☆ ☆ ☆

Datum	
Uhrzeit	

Ort / Koordinaten

Meer ○ **Fluss** ○ **See** ○ **Teich** ○

Wasserstand
○ Niedrig
○ Normal
○ Hoch

Wasserfärbung
○ Trüb
○ Normal
○ Klar

Strömung
○ Keine
○ Normal
○ Stark

Wassertemperatur
°C
.....

Wetter
☀ ○ 🌤 ○ ☁ ○ ☁ ○ 🌧 ○ 🌨 ○ °C .....

Wind
Windstill leicht ○ mäßig ○ stark ○ stürmisch ○

N
W ─── O
S

Mondphase
○ ◐ ◑ ● ● ● ◑ ◐ ○

Luftdruck
.... hPa
○ steigend
○ fallend

Begleitet hat mich
· ·
· ·
· ·

Meine Angel & Köder
· ·
· ·
· ·

Mein Fang des Tages

Fischart .... Länge .... Gewicht ....

Notizen / Skizzen

Meine heutigen Fänge

 Fischart	Länge	Gewicht	Angel & Köder	Beißzeit

Notizen | Bemerkungen | Besonderheiten

So bewerte ich diesen Angelausflug
☆ ☆ ☆ ☆ ☆

Tour 48

Datum ....
Uhrzeit ....

Ort | Koordinaten ....
....

Meer ○　**Fluss** ○　**See** ○　**Teich** ○

Wasserstand	Wasserfärbung	Strömung	Wassertemperatur
○ Niedrig	○ Trüb	○ Keine	°C
○ Normal	○ Normal	○ Normal	
○ Hoch	○ Klar	○ Stark	.....

Wetter
°C
○　○　○　○　○　○ .....

Wind
Windstill leicht　maßig　stark　stürmisch
○　○　○　○

N W O S

Mondphase

Luftdruck
.... hPa
○ steigend
○ fallend

Begleitet hat mich
....
....
....

Meine Angel & Köder
....
....
....

Mein Fang des Tages
Fischart ....　Länge ....　Gewicht ....

Notizen | Skizzen

Meine heutigen Fänge

 Fischart	Länge	Gewicht	Angel & Köder	Beißzeit

Notizen | Bemerkungen | Besonderheiten

So bewerte ich diesen Angelausflug

☆ ☆ ☆ ☆ ☆

Tour 49

Datum ....
Uhrzeit ....

Ort / Koordinaten ....
....

Meer ○   Fluss ○   See ○   Teich ○

Wasserstand
○ Niedrig
○ Normal
○ Hoch

Wasserfärbung
○ Trüb
○ Normal
○ Klar

Strömung
○ Keine
○ Normal
○ Stark

Wassertemperatur
°C
.....

Wetter
°C
○ ○ ○ ○ ○ ○ .....

Wind
Windstill leicht   maßig   stark   stürmisch
○   ○   ○   ○
N
W — O
S

Mondphase
◐ ◑ ◒ ◓ ● ◔ ◕ ○ ○

Luftdruck
.... hPa
○ steigend
○ fallend

Begleitet hat mich
....
....
....

Meine Angel & Köder
....
....
....

Mein Fang des Tages

Fischart ....   Länge ....   Gewicht ....

Notizen / Skizzen

Meine heutigen Fänge

 Fischart	 Länge	 Gewicht	 Angel & Köder	 Beißzeit

Notizen | Bemerkungen | Besonderheiten

So bewerte ich diesen Angelausflug
☆☆☆☆☆

Tour 50

Datum ....
Uhrzeit ....

Ort / Koordinaten ....
....

Meer ○ **Fluss** ○ **See** ○ **Teich** ○

Wasserstand
○ Niedrig
○ Normal
○ Hoch

Wasserfärbung
○ Trüb
○ Normal
○ Klar

Strömung
○ Keine
○ Normal
○ Stark

Wassertemperatur
°C
.....

Wetter
○ ○ ○ ○ ○ ○ °C .....

Wind
Windstill leicht ○ mäßig ○ stark ○ stürmisch ○

N
W — O
S

Mondphase
○ ◐ ◑ ● ● ● ◗ ◑ ○

Luftdruck
.... hPa
○ steigend
○ fallend

Begleitet hat mich
· ·
· ·
· ·

Meine Angel & Köder
· ·
· ·
· ·

Mein Fang des Tages

Fischart ....   Länge ....   Gewicht ....

Notizen / Skizzen

Meine heutigen Fänge

Fischart	Länge	Gewicht	Angel & Köder	Beißzeit

Notizen | Bemerkungen | Besonderheiten

So bewerte ich diesen Angelausflug

☆ ☆ ☆ ☆ ☆

Datum .... **Ort | Koordinaten** ....

Uhrzeit ....

Meer	Fluss	See	Teich
○	○	○	○

Wasserstand
- ○ Niedrig
- ○ Normal
- ○ Hoch

Wasserfärbung
- ○ Trüb
- ○ Normal
- ○ Klar

Strömung
- ○ Keine
- ○ Normal
- ○ Stark

Wassertemperatur
°C
.....

Wetter

°C

○ ○ ○ ○ ○ ○ .....

Wind

N
W — O
S

Windstill leicht | mäßig | stark | stürmisch

○ ○ ○ ○

Mondphase

Luftdruck

.... hPa

○ steigend
○ fallend

Begleitet hat mich

· ·

· ·

· ·

Meine Angel & Köder

· ·

· ·

· ·

Mein Fang des Tages

Fischart .... Länge .... Gewicht ....

Notizen | Skizzen

Meine heutigen Fänge

Fischart	Länge	Gewicht	Angel & Köder	Beißzeit

Notizen | Bemerkungen | Besonderheiten

So bewerte ich diesen Angelausflug

☆ ☆ ☆ ☆ ☆

Datum .... **Ort / Koordinaten** ....

Uhrzeit ....

Meer ○   Fluss ○   See ○   Teich ○

Wasserstand
○ Niedrig
○ Normal
○ Hoch

Wasserfärbung
○ Trüb
○ Normal
○ Klar

Strömung
○ Keine
○ Normal
○ Stark

Wassertemperatur
°C
.....

Wetter
☀ ⛅ ☁ 🌤 🌧 🌨 °C
○ ○ ○ ○ ○ ○ .....

Wind
Windstill leicht   maßig   stark   stürmisch
○ ○ ○ ○

N
W O
S

Mondphase
○ ◔ ◑ ● ● ◕ ◗ ○ ○

Luftdruck
.... hPa
○ steigend
○ fallend

Begleitet hat mich
....
....
....

Meine Angel & Köder
....
....
....

Mein Fang des Tages

Fischart ....   Länge ....   Gewicht ....

Notizen / Skizzen

Meine heutigen Fänge

Fischart	Länge	Gewicht	Angel & Köder	Beißzeit

Notizen | Bemerkungen | Besonderheiten

So bewerte ich diesen Angelausflug
☆ ☆ ☆ ☆ ☆

Datum ....

Uhrzeit ....

Ort | Koordinaten ....

....

Meer	Fluss	See	Teich
○	○	○	○

Wasserstand
- ○ Niedrig
- ○ Normal
- ○ Hoch

Wasserfärbung
- ○ Trüb
- ○ Normal
- ○ Klar

Strömung
- ○ Keine
- ○ Normal
- ○ Stark

Wassertemperatur

°C

.....

Wetter

○ ○ ○ ○ ○ ○ °C .....

Wind

Windstill leicht   mäßig   stark   stürmisch

○ ○ ○ ○

N W O S

Mondphase

Luftdruck

.... hPa

○ steigend
○ fallend

Begleitet hat mich

· ·

· ·

· ·

Meine Angel & Köder

· ·

· ·

· ·

Mein Fang des Tages

Fischart ....   Länge ....   Gewicht ....

Notizen | Skizzen

Meine heutigen Fänge

Fischart	Länge	Gewicht	Angel & Köder	Beißzeit

Notizen | Bemerkungen | Besonderheiten

So bewerte ich diesen Angelausflug

☆ ☆ ☆ ☆ ☆

Datum ....

Uhrzeit ....

Ort / Koordinaten ....
....

Meer ○ **Fluss** ○ **See** ○ **Teich** ○

Wasserstand
○ Niedrig
○ Normal
○ Hoch

Wasserfärbung
○ Trüb
○ Normal
○ Klar

Strömung
○ Keine
○ Normal
○ Stark

Wassertemperatur
°C
.....

Wetter
○ ○ ○ ○ ○ ○ °C .....

Wind
Windstill leicht ○
maßig ○
stark ○
stürmisch ○

N W O S

Mondphase
○ ◐ ○ ● ● ◑ ◑ ○

Luftdruck
.... hPa
○ steigend
○ fallend

Begleitet hat mich
....
....
....

Meine Angel & Köder
....
....
....

Mein Fang des Tages

Fischart ....   Länge ....   Gewicht ....

Notizen / Skizzen

Meine heutigen Fänge

Fischart	Länge	Gewicht	Angel & Köder	Beißzeit

Notizen | Bemerkungen | Besonderheiten

So bewerte ich diesen Angelausflug

☆ ☆ ☆ ☆ ☆

Datum ....

Uhrzeit ....

Ort / Koordinaten ....

....

Meer	Fluss	See	Teich
○	○	○	○

Wasserstand
- ○ Niedrig
- ○ Normal
- ○ Hoch

Wasserfärbung
- ○ Trüb
- ○ Normal
- ○ Klar

Strömung
- ○ Keine
- ○ Normal
- ○ Stark

Wassertemperatur

°C

.....

Wetter

☀ ⛅ ☁ ☁ 🌧 🌨 °C

○ ○ ○ ○ ○ ○ .....

Wind

Windstill leicht | maßig | stark | stürmisch

○ ○ ○ ○

N W O S

Mondphase

🌑 🌒 🌓 🌔 🌕 🌖 🌗 🌘

Luftdruck

.... hPa

○ steigend
○ fallend

Begleitet hat mich

....

....

....

Meine Angel & Köder

....

....

....

Mein Fang des Tages

Fischart .... Länge .... Gewicht ....

Notizen / Skizzen

Meine heutigen Fänge

Fischart	Länge	Gewicht	Angel & Köder	Beißzeit

Notizen | Bemerkungen | Besonderheiten

So bewerte ich diesen Angelausflug

☆ ☆ ☆ ☆ ☆

Tour 56

Datum .... **Ort | Koordinaten** ....

Uhrzeit ....

Meer ○ **Fluss** ○ **See** ○ **Teich** ○

Wasserstand
○ Niedrig
○ Normal
○ Hoch

Wasserfärbung
○ Trüb
○ Normal
○ Klar

Strömung
○ Keine
○ Normal
○ Stark

Wassertemperatur
°C
.....

Wetter
○ ○ ○ ○ ○ ○ °C .....

Wind
Windstill leicht ○ mäßig ○ stark ○ stürmisch ○

N W O S

Mondphase
○ ● ● ● ● ● ● ● ○ ○

Luftdruck
.... hPa
○ steigend
○ fallend

Begleitet hat mich
....
....
....

Meine Angel & Köder
....
....
....

Mein Fang des Tages

Fischart .... Länge .... Gewicht ....

Notizen | Skizzen

Meine heutigen Fänge

Fischart	Länge	Gewicht	Angel & Köder	Beißzeit

Notizen | Bemerkungen | Besonderheiten

So bewerte ich diesen Angelausflug

☆ ☆ ☆ ☆ ☆

Tour 57

Datum .... **Ort | Koordinaten** ....

Uhrzeit ....

Meer ○ **Fluss** ○ **See** ○ **Teich** ○

Wasserstand
○ Niedrig
○ Normal
○ Hoch

Wasserfärbung
○ Trüb
○ Normal
○ Klar

Strömung
○ Keine
○ Normal
○ Stark

Wassertemperatur
°C
.....

Wetter
°C
○ ○ ○ ○ ○ ○ .....

Wind
Windstill leicht ○
mäßig ○
stark ○
stürmisch ○

N
W — O
S

Mondphase
○ ○ ○ ● ● ● ● ○ ○

Luftdruck
.... hPa

○ steigend
○ fallend

Begleitet hat mich
....
....
....

Meine Angel & Köder
....
....
....

Mein Fang des Tages

Fischart .... Länge .... Gewicht ....

Notizen | Skizzen

Meine heutigen Fänge

 Fischart	 Länge	 Gewicht	 Angel & Köder	 Beißzeit

Notizen | Bemerkungen | Besonderheiten

So bewerte ich diesen Angelausflug
☆ ☆ ☆ ☆ ☆

Datum ....
Uhrzeit ....

Ort | Koordinaten ....
....

Meer	Fluss	See	Teich
○	○	○	○

Wasserstand
○ Niedrig
○ Normal
○ Hoch

Wasserfärbung
○ Trüb
○ Normal
○ Klar

Strömung
○ Keine
○ Normal
○ Stark

Wassertemperatur
°C
.....

Wetter
☀ ⛅ ☁ 🌥 🌧 🌨 °C
○ ○ ○ ○ ○ ○ .....

Wind
Windstill leicht   maßig   stark   stürmisch
○ ○ ○ ○
N W O S

Mondphase
○ ◐ ◑ ● ◕ ◑ ○ ○

Luftdruck
.... hPa
○ steigend
○ fallend

Begleitet hat mich
....
....
....

Meine Angel & Köder
....
....
....

Mein Fang des Tages
Fischart ....   Länge ....   Gewicht ....

Notizen | Skizzen

Meine heutigen Fänge

Fischart	Länge	Gewicht	Angel & Köder	Beißzeit

Notizen | Bemerkungen | Besonderheiten

So bewerte ich diesen Angelausflug

☆ ☆ ☆ ☆ ☆

Datum ....
Uhrzeit ....

Ort | Koordinaten ....
....

Meer	Fluss	See	Teich
○	○	○	○

Wasserstand
○ Niedrig
○ Normal
○ Hoch

Wasserfärbung
○ Trüb
○ Normal
○ Klar

Strömung
○ Keine
○ Normal
○ Stark

Wassertemperatur
°C
.....

Wetter
°C
○ ○ ○ ○ ○ ○ .....

Wind
Windstill leicht | mäßig | stark | stürmisch
○ ○ ○ ○
N W O S

Mondphase
○ ○ ○ ○ ○ ○ ○ ○ ○

Luftdruck
.... hPa
○ steigend
○ fallend

Begleitet hat mich
....
....
....

Meine Angel & Köder
....
....
....

Mein Fang des Tages

Fischart ....   Länge ....   Gewicht ....

Notizen | Skizzen

Meine heutigen Fänge

Fischart	Länge	Gewicht	Angel & Köder	Beißzeit

Notizen | Bemerkungen | Besonderheiten

So bewerte ich diesen Angelausflug

☆ ☆ ☆ ☆ ☆

Tour 60

Datum . . . .

Uhrzeit . . . .

Ort | Koordinaten . . . .

. . . .

Meer ○ **Fluss** ○ **See** ○ **Teich** ○

Wasserstand
- ○ Niedrig
- ○ Normal
- ○ Hoch

Wasserfärbung
- ○ Trüb
- ○ Normal
- ○ Klar

Strömung
- ○ Keine
- ○ Normal
- ○ Stark

Wassertemperatur
°C
. . . . .

Wetter

☀ ○ 🌤 ○ ☁ ○ ☁ ○ 🌧 ○ 🌨 ○ °C . . . . .

Wind

Windstill leicht ○ mäßig ○ stark ○ stürmisch ○

N W O S

Mondphase

🌑 🌒 🌓 🌔 🌕 🌖 🌗 🌘 ○

Luftdruck

. . . . hPa

○ steigend
○ fallend

Begleitet hat mich

. . . .

. . . .

. . . .

Meine Angel & Köder

. . . .

. . . .

. . . .

Mein Fang des Tages

Fischart . . . . Länge . . . . Gewicht . . . .

Notizen | Skizzen

Meine heutigen Fänge

Fischart	Länge	Gewicht	Angel & Köder	Beißzeit

Notizen | Bemerkungen | Besonderheiten

So bewerte ich diesen Angelausflug
☆ ☆ ☆ ☆ ☆

Tour 61

Datum .... **Ort / Koordinaten** ....
Uhrzeit ....

Meer   Fluss   See   Teich
○   ○   ○   ○

Wasserstand
○ Niedrig
○ Normal
○ Hoch

Wasserfärbung
○ Trüb
○ Normal
○ Klar

Strömung
○ Keine
○ Normal
○ Stark

Wassertemperatur
°C
.....

Wetter
°C
○ ○ ○ ○ ○ ○ .....

Wind
Windstill leicht   maßig   stark   stürmisch
○   ○   ○   ○
N
W   O
S

Mondphase
○ ○ ○ ● ● ○ ○ ○

Luftdruck
.... hPa
○ steigend
○ fallend

Begleitet hat mich
....
....
....

Meine Angel & Köder
....
....
....

Mein Fang des Tages
Fischart ....   Länge ....   Gewicht ....

Notizen / Skizzen

Meine heutigen Fänge

Fischart	Länge	Gewicht	Angel & Köder	Beißzeit

Notizen | Bemerkungen | Besonderheiten

So bewerte ich diesen Angelausflug

☆ ☆ ☆ ☆ ☆

Tour 62

Datum ....

Uhrzeit ....

Ort | Koordinaten ....
....

Meer ○   **Fluss** ○   **See** ○   **Teich** ○

Wasserstand
○ Niedrig
○ Normal
○ Hoch

Wasserfärbung
○ Trüb
○ Normal
○ Klar

Strömung
○ Keine
○ Normal
○ Stark

Wassertemperatur
°C
.....

Wetter
○ ○ ○ ○ ○ ○   °C .....

Wind
Windstill leicht ○   mäßig ○   stark ○   stürmisch ○

N   W   O   S

Mondphase
○ ◑ ◑ ● ● ● ◐ ○ ○

Luftdruck
.... hPa
○ steigend
○ fallend

Begleitet hat mich
· ·
· ·
· ·

Meine Angel & Köder
· ·
· ·
· ·

Mein Fang des Tages

Fischart ....   Länge ....   Gewicht ....

Notizen | Skizzen

Meine heutigen Fänge

Fischart	Länge	Gewicht	Angel & Köder	Beißzeit

Notizen | Bemerkungen | Besonderheiten

So bewerte ich diesen Angelausflug

☆ ☆ ☆ ☆ ☆

Tour 63

Datum ....
Uhrzeit ....

Ort | Koordinaten ....
....

Meer	Fluss	See	Teich
○	○	○	○

Wasserstand
○ Niedrig
○ Normal
○ Hoch

Wasserfärbung
○ Trüb
○ Normal
○ Klar

Strömung
○ Keine
○ Normal
○ Stark

Wassertemperatur
°C
.....

Wetter

☀ ⛅ ☁ ☁ 🌧 🌨 °C
○ ○ ○ ○ ○ ○ .....

Wind

Windstill leicht   maßig   stark   stürmisch
○   ○   ○   ○

N
W — O
S

Mondphase

🌑🌒🌓🌔🌕🌖🌗🌘

Luftdruck

.... hPa

○ steigend
○ fallend

Begleitet hat mich
....
....
....

Meine Angel & Köder
....
....

Mein Fang des Tages

Fischart ....   Länge ....   Gewicht ....

Notizen | Skizzen

Meine heutigen Fänge

Fischart	Länge	Gewicht	Angel & Köder	Beißzeit

Notizen | Bemerkungen | Besonderheiten

So bewerte ich diesen Angelausflug
☆ ☆ ☆ ☆ ☆

Datum ....
Uhrzeit ....

Ort / Koordinaten ....
....

Meer ○   **Fluss** ○   **See** ○   **Teich** ○

Wasserstand
○ Niedrig
○ Normal
○ Hoch

Wasserfärbung
○ Trüb
○ Normal
○ Klar

Strömung
○ Keine
○ Normal
○ Stark

Wassertemperatur
°C
.....

Wetter
○ ○ ○ ○ ○ ○   °C .....

Wind
Windstill leicht ○   mäßig ○   stark ○   stürmisch ○

N W O S

Mondphase
○ ○ ○ ● ● ● ○ ○ ○

Luftdruck
.... hPa
○ steigend
○ fallend

Begleitet hat mich
· ·
· ·
· ·

Meine Angel & Köder
· ·
· ·
· ·

Mein Fang des Tages

Fischart ....   Länge ....   Gewicht ....

Notizen / Skizzen

Meine heutigen Fänge

Fischart	Länge	Gewicht	Angel & Köder	Beißzeit

Notizen | Bemerkungen | Besonderheiten

So bewerte ich diesen Angelausflug
☆ ☆ ☆ ☆ ☆

Tour 65

Datum .... **Ort | Koordinaten** ....

Uhrzeit ....

Meer ○   **Fluss** ○   **See** ○   **Teich** ○

Wasserstand	Wasserfärbung	Strömung	Wassertemperatur

Wasserstand
○ Niedrig
○ Normal
○ Hoch

Wasserfärbung
○ Trüb
○ Normal
○ Klar

Strömung
○ Keine
○ Normal
○ Stark

Wassertemperatur
°C
.....

Wetter
○ ○ ○ ○ ○ ○ °C .....

Wind
Windstill leicht ○   maßig ○   stark ○   stürmisch ○

N W O S

Mondphase
○ ◑ ◐ ● ● ● ◗ ◑ ○

Luftdruck
.... hPa
○ steigend
○ fallend

Begleitet hat mich
....
....
....

Meine Angel & Köder
....
....
....

Mein Fang des Tages

Fischart ....   Länge ....   Gewicht ....

Notizen | Skizzen

Meine heutigen Fänge

Fischart	Länge	Gewicht	Angel & Köder	Beißzeit

Notizen | Bemerkungen | Besonderheiten

So bewerte ich diesen Angelausflug

☆ ☆ ☆ ☆ ☆

Notizen

....

....

....

....

....

....

....

....

....

....

....

....

....

....

....

Notizen

Notizen

....

....

....

....

....

....

....

....

....

....

....

....

....

....

....

....

....

....

....

....

....

....

....

....

....

....

....

....

....

....

....

....

Impressum:
2. Wolle
Christian Zengerling
Bahnhof 14
06420 Könnern
Deutschland
Herstellung und Verlag: BoD – Books on Demand, Norderstedt
ISBN: 9783756841424